给孩子的国宝档案 ①

[从新石器时代到西周]

狐狸家 著

童趣出版有限公司编　人民邮电出版社出版
北京

阎崇年爷爷给小朋友的一封信

亲爱的小朋友:

你好!

我是阎崇年,我非常喜欢中国历史,做了几十年的历史研究。你知道吗?中国五千年悠久的历史中,不仅发生了许多重要的历史事件,出现了很多杰出的历史人物,还有太多的奥秘等着你去了解、去探索。比如,古人用什么样子的灯照明,古代的小朋友平时都玩什么玩具,等等。那么,怎样才能了解这些有趣的历史知识呢?

在我看来,有一个很好的途径,就是去博物馆看国宝。

我这么说,是因为博物馆里丰富的藏品蕴藏了中华文明的精华,可以让我们直接了解到古人生活的方方面面,而国宝更是集中反映了古人的思想、趣味、求新精神和艺术风格。可以说,读懂了国宝,就能从一个侧面读懂中华文明的历史进程。

此刻,打开这套绘本,你就可以跟着80件国宝,走进国宝背后的历史。这些国宝来自各大文化机构,能让你对中国历史的变迁和中华文明的发展,有一个基本的了解。更有趣的是,在这套绘本里,你可以化身为小狐狸前往博物馆,听狐狸爸爸趣味讲解国宝,甚至能穿越回国宝诞生时的历史场景,开始一场真实的历史大冒险。穿越国宝看历史,历史真正"活"起来,这是一件多么有趣的事情啊!

听我这么说,你是不是对这些国宝更加好奇了呢?那么,接下来,就请你到这套绘本中去探索国宝的奥秘吧!希望《给孩子的国宝档案》可以带你真正地爱上国宝、爱上博物馆、爱上中国历史,发现中华优秀传统文化的魅力!

你们的阎爷爷

阎崇年

2021年11月1日

目录

新石器时代
约公元前10000—前2000年

贾湖骨笛 **04**

人面鱼纹彩陶盆 **08**

玉龙 **12**

蛋壳黑陶高柄杯 **16**

玉琮 **20**

商朝
约公元前1600—前1046年

"王为般卜"龟甲刻辞 **24**

后母戊鼎 **28**

四羊青铜方尊 **32**

青铜纵目面具 **36**

西周
公元前1046—前771年

"利"青铜簋 **40**

贾湖骨笛

新石器时代
约公元前10000—前2000年

国宝小档案

在遥远的新石器时代，先民们已经能够制作较为精致的石器、陶器和骨器，并且对精神生活有了更多的追求，开始用骨器制作乐器。贾湖骨笛是中国年代最早的乐器实物，它的发现改写了中国音乐史，证明中华文明的起源远比我们想象得更早、更精彩。目前发现于贾湖遗址的三十多支骨笛中，河南博物院收藏的这支器形完整，并且因为石化而显得晶莹亮洁，堪称"中华第一笛"。

【名称】
贾湖骨笛

【时代】
新石器时代（约公元前10000—前2000年）

【尺寸】
长23.6厘米

【材质】
骨

【收藏地】
河南博物院（河南省郑州市）

谁的骨头？

你瞧，这是用骨头做的笛子！古生物学家鉴定后发现，它竟然是用丹顶鹤翅膀上的骨头，也就是尺骨做成的。仔细看，这支骨笛的两端被仔细打磨过，中间七个音孔的大小几乎相同，真是太不可思议了！

丹顶鹤的尺骨

快去博物馆看看吧

快看，这是一根骨头吗？

它看起来好像一支笛子！

那它还能吹响吗？

上面有七个小孔呢！

骨笛制作之谜

你知道吗？丹顶鹤的尺骨比人类的骨头硬很多，现代人想在这种骨头上凿孔，需要借助电钻等专业工具，原始人是怎么做到的呢？经过挖掘，专家们在贾湖骨笛的出土地附近发现了一种坚硬的黑色石头，叫燧石。有人推测，或许把燧石磨得尖尖的，就可以在丹顶鹤的尺骨上钻孔啦！

燧石

骨笛背后的计算题

其实，想制作一支可以吹响的笛子，是非常不简单的。要打几个音孔？音孔之间的距离是多少？这些都需要经过非常精密的计算。原来，那时候的贾湖先民已经会计算合适的孔距了。看，骨笛上还有设计音孔位置时留下的横线刻记呢！

来自远古的竖笛

贾湖骨笛是需要竖着吹的笛子，可以吹出标准的七声音阶。它大多有七个音孔，仔细瞧，在第六孔与第七孔之间，还有一个小孔，叫作调音孔，可以调整第七孔的音调。你相信吗？贾湖骨笛至今仍能吹奏呢！

墓主人的心爱之物

令人遗憾的是，有一支贾湖骨笛刚被发现时，是断成三截的。研究表明，这支骨笛在墓主人生前就曾经折断过，即使断裂，墓主人依然不舍

得丢弃，反而在两处断裂的地方钻了十四个小孔，用细线精心缝合起来继续使用。这支骨笛一定是他的心爱之物吧！

穿越历史看国宝

贾湖先民的庆祝宴会

远古时期,贾湖遗址河流密布,动物众多,常有丹顶鹤飞来飞去,在河岸边优雅漫步。生活在这里的先民们有时去河边抓鱼,有时去林中打猎,有时还会研究制作乐器呢!这天,人们捕捉到了好多猎物,便高兴地点燃篝火,一边奏乐跳舞,一边分享烤肉。

新石器时代,原始部落中就产生了音乐和歌舞。每逢祭祀或其他重大活动,人们就会聚在一起,敲击各种器物,蹦蹦跳跳地起舞。最早的乐器非常简单,比如兽皮鼓、木板、木棒等能敲打出声的器物。渐渐地,就有了专门用来奏乐的陶鼓、陶埙、骨笛等乐器。

描绘原始先民跳舞场景的舞蹈纹彩陶盆

小狐狸的参观日记

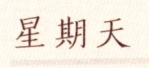

星期天

我一直很好奇古人是如何生活的。年初的时候,了解我心愿的爸爸,帮我制订了《国宝参观计划》,希望今年能通过国宝,带我了解不同时期的历史文化。爸爸真棒,他总是有办法!我们的第一站是河南博物院,爸爸带我去看了一支笛子,名叫贾湖骨笛。爸爸说,它是约九千年前,原始人用丹顶鹤翅膀上的骨头做成的,现在还能吹响呢!

忽然,我的耳边传来风声、水声,还有悠扬的笛声。快看,前面有好多穿着兽皮衣服的原始人!爸爸说,这些原始人是贾湖先民,他们刚刚打猎回来,捕捉到了好多猎物,正要好好地庆祝呢!他们围着篝火又唱又跳,还有人拿出了骨笛伴奏。原来,骨笛的声音这么清脆。我也想得到这个宝贝,在音乐课上给大家表演一下。

人们常把狩猎时抓住的野猪养起来,等到缺少食物时再吃掉。

最早的时候,骨笛就像骨哨一样,是为了模仿鸟叫,吸引猎物,慢慢地,就变成了乐器。

人面鱼纹彩陶盆

【名称】
人面鱼纹彩陶盆

【时代】
新石器时代（约公元前10000—前2000年）

【尺寸】
口径39.8厘米，高16.5厘米

【材质】
陶

【收藏地】
中国国家博物馆（北京市）

国宝小档案

早在距今一万多年前的新石器时代，我们的祖先就已经发明并开始使用陶器了。到了距今六千多年前，位于黄河中游地区的半坡先民绘制出一件带有神秘图案的陶盆，叫人面鱼纹彩陶盆。它用红色的陶土烧制而成，盆内绘制着人脸与鱼的图案，据说是作为儿童的棺材盖使用的。人面鱼纹彩陶盆真实地记录了原始社会时期的社会风貌，凝结着先民的智慧，显示出先民对美的追求。陶盆上的人面鱼纹，被誉为"原始先民的艺术杰作"。

快去博物馆看看吧

- 咦？这个盆上还有画呢！
- 上面画的是什么呀？
- 盆里好像画了小鱼。
- 这个圆圆的图案是人脸吗？

小孩子的棺材盖

在原始社会，人们的生存条件很差，小孩子很容易生病、受伤，甚至死去。当部落中有小孩子夭折时，人们就把他放进陶瓮中，用陶盆盖住瓮口，制成一个封闭的棺材，埋在家附近。仔细看，陶盆底部还有个小孔，据说是留给灵魂出入的通道。

解锁鱼纹的密码

你猜，陶盆上为什么画了小鱼呢？其实，这与原始先民的生活息息相关。那时，人们大多生活在河流附近，过着采集、打猎和捕鱼的生活，鱼就是当时常见的食物，所以常常被画在陶器上。瞧，这些彩陶上的小鱼画得还不一样呢！

双鱼纹彩陶盆　　鱼纹彩陶盆

神秘的人面鱼纹

仔细看，陶盆里的画是黑色的，图案有简单的鱼纹，以及复杂的人面鱼纹。看起来，圆形的图案像是人脸，这个人的眼睛细细的，鼻子像倒立的"T"字，嘴巴和耳朵两侧各有一个鱼纹，就连他头上的装饰也像鱼的形状呢！

巫师、图腾还是外星人？

也许你会问，这个人鱼组合的奇怪图案是什么意思呢？有人说，这是一个头戴礼帽、脸戴面具的巫师，专门负责主持宗教活动。也有人说，这是一个活泼的少年，正把头伸进水里捉鱼呢！还有人说，可能是外星人来到地球，正好被人类看到并画了下来。你觉得呢？

彩陶上的装饰

新石器时代早期的陶器模样简单，大多用来装水和食物，一般是没有图案的。到了新石器时代晚期，半坡先民尝试在陶器上绘制鱼、鸟、鹿、蛙等图案，以及一些抽象的线条。这些彩陶上的装饰画，很多都是他们生活的写照。

穿越历史看国宝

半坡先民的原始生活

距今六千多年前,渭河边的土地上生活着一群半坡先民。他们穿着兽皮衣服、披着头发、光着脚丫子,总是三三两两地聚在一起。仔细一看,有人忙着用木头和泥巴盖房子,有人在河边生火烤鱼,还有人在新捏好的陶坯上画画。

在原始社会时期,我们的祖先生活在山林之中,使用的工具大多都是能直接获得的。后来,人们不再满足于此,开始探索新事物。他们用泥土捏制出不同的器具,晾干以后,放到火上烧制成坚硬的陶器。渐渐地,陶器的样式和用途越来越多,人们的生活也更加方便了!

陶器不漏水且耐烧，既可以用来打水，还可以用来煮和存放食物，用起来方便极了。

人们把石块磨成各种尖锐的形状，方便用来切割食物。

小狐狸的参观日记

星期六

今天，爸爸带我去看了一个不一样的盆，叫人面鱼纹彩陶盆，看它的形状，我还以为是个脸盆呢。可是爸爸说，在原始社会，它常常作为给死去的小孩子用的棺材盖。爸爸还没说完，妹妹就吓哭了。

忽然，我好像回到了六千多年前，走进了原始人的部落。我跟着爸爸一路走，一路看，见到有人在用木头盖房子，有人在缝制兽皮衣服，还有一大群人围着篝火烤鱼呢！他们把树枝弄得尖尖的，叉着鱼慢慢地烤，闻起来可真香！没想到，我们祖先的生活竟然这么有趣！爸爸说，可不要小瞧原始人，他们那时候已经会制作精美的陶器了。我也好想和他们学一学如何制作陶器呀！

玉龙

【名称】
玉龙

【时代】
新石器时代（约公元前10000—前2000年）

【尺寸】
高26厘米

【材质】
玉

【收藏地】
中国国家博物馆（北京市）

国宝小档案

龙是中华民族的象征，中国人总是把自己称为"龙的传人"。可是，龙真的存在吗？它又是什么时候出现的呢？在距今五千多年前的红山文化遗址中，出土了一块龙形的玉器。它是一块墨绿色的玉龙，看起来像一个"C"形，龙头微微上翘，龙尾向内卷起，颈部和背部似乎有鬃毛。这块玉龙造型生动，雕琢精美，虽然不能证明龙真的存在，但充分印证了中国龙文化的源远流长。

玉龙像谁？

这块玉虽然是龙的造型，但你仔细瞧，它翘起来的鼻子像猪，细长的身体像蛇，大大的眼睛像鹿，脖子上的鬃毛像马，就像是把不同动物的特征拼在一起似的。因此，有人认为，龙其实是不存在的，是人们想象出来的。你觉得呢？

快去博物馆看看吧

这块玉是墨绿色的！

它和动画片里的龙长得不一样！

你们看，它怎么长了个猪鼻子？

龙是长这样的吗？

哈哈，它的"发型"可真飘逸！

玉龙"成长"史

你知道吗？玉龙的模样并不是一成不变的。与这块红山文化的玉龙相比，商代的玉龙胖乎乎的，龙头也变大了；战国的玉龙像"S"形，而且有了龙爪；汉代的玉龙身体像蛇，四爪突出；而到了唐代，玉龙的样子已经很像我们现代动画片里的龙啦！

商代玉龙佩　　战国云纹大玉龙佩　　西汉龙形玉佩

唐代龙纹玉佩

动画片中常见的龙

沟通神灵的器具

其实，这块玉龙的用途目前还不能确定。它的形体较大，不像饰品，而且造型很特殊，龙背上还有个圆圆的小孔。人们猜测，它也许是被悬挂起来使用的，是红山先民们用来与神灵沟通的器具。

龙，中华民族的象征

早在玉龙之前，人们还发现过更古老的龙形文物，在距今八千多年前的查海文化遗址，就有一个巨大的龙形堆塑。而在赤峰的大型聚落遗址，人们还发现了猪首龙。龙不光是古籍里的描述和传说，也鲜活地出现在古人的生活里，成为中华文化的一部分，是中华民族的象征。

穿越历史看国宝

红山先民的祭祀仪式

傍晚,夕阳映红了天空,山脚下聚集了一群红山先民。祭坛前,有一个浑身挂满玉器的巫师,他披散着头发,嘴里念念有词,张开双臂蹦蹦跳跳,正在主持祭祀活动。周围的人跪在地上,虔诚地举起双手,似乎正在向神灵许愿祈福。

距今五千多年前,红山先民们不仅会耕种庄稼,还会饲养猪、牛、羊等家畜。最不可思议的是,他们擅长制作精美的石器、陶器和玉器,留下了很多神秘的符号和形象,玉龙就是其中的代表作。

小狐狸的参观日记

星期六

前几天,我的好朋友问了我一个问题:龙真的存在吗?这个问题可把我难住了。为了解答我的疑惑,爸爸今天带我去看了一块龙形的玉,名叫玉龙。爸爸说,龙只是人们想象出来的,其实并不存在。我可不信,也许龙会隐身,根本不想让人们看到呢?

我正想着,这条玉龙好像突然飞起来,鬃毛飘飘,在云端起伏,我骑上它来到了一个神秘的地方。只见草地上聚集了很多人,似乎在举行什么仪式。爸爸说,这是一场祭祀活动,红山先民们相信神灵的存在,会通过祭祀向神灵许愿,祈求保佑。爸爸还说,中间那个又唱又跳的男人是巫师,据说能和神灵沟通呢!周围跪拜的人们举着胳膊,嘴里念念有词,会不会是在向龙祈雨呢?

蛋壳黑陶高柄杯

【名称】
蛋壳黑陶高柄杯

【时代】
新石器时代（约公元前10000—前2000年）

【尺寸】
高26.5厘米

【材质】
陶

【收藏地】
山东博物馆（山东省济南市）

国宝小档案

距今四千多年前，在我国黄河中下游地区，人们的陶器制作水平明显提高，出现了很多新的器形，蛋壳黑陶高柄杯就是其中的代表。它的外表漆黑黝亮，杯壁薄如蛋壳，造型小巧精致，被誉为"四千年前地球文明的最精致之制作"。蛋壳黑陶高柄杯稀少而珍贵，只出现在龙山文化遗址中，代表了龙山先民对美的独特认识。

快去博物馆看看吧

- 这是一个杯子吗？
- 它的造型有点儿像爸爸的红酒杯！
- 为什么它的"肚子"上有那么多小孔？
- 它的个头儿好高呀！
- 它怎么黑乎乎的？

黑陶是怎样诞生的？

用泥土做成的陶器大多是红色或灰色，那黑色的陶器是怎样诞生的呢？人们推测，大概是古人烧陶时，封上了窑口，窑炉内缺氧后产生了黑烟，黑色的浓烟无处可去，就被窑内的陶器吸收了。后来，人们就学会制造黑陶啦！

造型优美的高脚杯

瞧，这是一只与众不同的黑陶杯。它比一般的杯子更瘦、更高，有点儿像现代宴会时使用的高脚杯。它的杯口向外敞开，就像一朵绽放的喇叭花。它的下腹部鼓鼓的，表面镂刻着小孔，里面装有一粒陶丸，据说这样能让杯子立得更稳一些，还能在移动的时候发出清脆的声响。

薄如蛋壳的陶器

"蛋壳"是用来形容杯子的厚度和鸡蛋壳差不多，并不是指杯子是用鸡蛋壳或者其他蛋壳做成的！蛋壳黑陶高柄杯重量很轻，杯壁最厚的地方也不超过1毫米，最薄的地方只有0.2毫米，比鸡蛋壳还要薄！

特殊的礼器

蛋壳黑陶高柄杯很容易破碎，制作也并不简单，不像是日常使用的杯子，那它是做什么用的呢？多数人认为，它是一件高贵的礼器，只有身份尊贵的人才能使用，常被用作随葬品。

可以旋转的工作台

你知道吗？蛋壳黑陶高柄杯可不是用手捏出来的，它的制作离不开陶轮！那是一个圆盘形的、可以旋转的工作台。快速旋转陶轮，就可以把泥坯塑造得十分薄。瞧，杯子底部一圈一圈的痕迹，就是用陶轮制作时留下的。

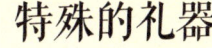

黑陶的烧制可不简单，为了让陶杯更加光亮，人们会使用芦苇等燃料。

蛋壳黑陶高柄杯的陶坯并不是一次就成型了，而是需要将各个部位分别做好，再拼接起来。

你们看，封窑后产生浓烟，就把陶器熏得黑黢黢的！

人们一边旋转陶轮，一边快速地把陶坯塑造成型。

穿越历史看国宝

精巧绝伦的龙山黑陶

龙山先民们的手工技艺非常精巧，擅长制作陶器、玉器等。瞧，部落旁边就有一个制陶作坊，里面的工匠各个经验丰富，能制造出各种各样的陶器。快看，地上摆满了刚烧好的陶器，有红陶、灰陶，还有乌黑透亮的黑陶呢！

新石器时代晚期，龙山先民们不仅开始建造大型的古城，还学会了冶炼铜器，甚至在陶器上刻画复杂的符号，制作出精巧到极致的黑陶。当时，随着生产力的迅速发展，人们的财富和社会地位产生了差别，有人能拥有许多珍贵的器具，有人却一无所有。

原来烧好的黑陶要经过打磨，才会又黑又亮，闪着光泽呀！

这些黑陶非常薄，用手指敲一敲，能听到清脆的声音。

小狐狸的参观日记

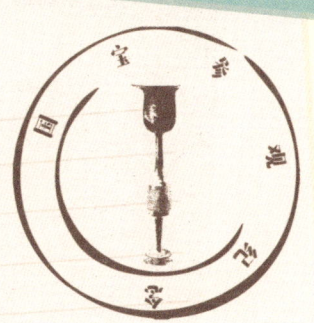

星期六

我本来以为，原始人制作的陶器都像人面鱼纹彩陶盆一样是红色的，没想到今天我在博物馆里还看到了一个黑色的陶器。它是一个非常薄的杯子，据说比鸡蛋壳还要薄！爸爸说，它叫蛋壳黑陶高柄杯，是四千多年前的龙山先民们用泥土烧制出来的，真是了不起。

忽然，不知从哪里飘来一股黑烟，呛死了！原来，我来到制造黑陶的作坊里了，周围有好多龙山先民。他们有的在搬运泥巴，有的在制造陶器。爸爸告诉我，黑陶就快出窑了！可是，陶器是用黄色的泥土制成的，怎么烧出来就变成黑色的了？爸爸说，聪明的龙山先民们发现，窑内的温度升高到一定程度后，把窑口封上，窑内的浓烟能把陶器烧成黑色，这才有了黑陶。这也太酷了吧！

玉琮（cóng）

【名称】
玉琮

【时代】
新石器时代（约公元前 10000—前 2000 年）

【尺寸】
高 8.9 厘米，射口直径 16.5~17.6 厘米

【材质】
玉

【收藏地】
浙江省博物馆（浙江省杭州市）

国宝小档案

距今五千多年前，太湖流域有一个良渚王国，它被称为"玉的国度"。在这里，勤劳智慧的良渚人创造出非常多的玉器，其中最著名的玉器之一是玉琮。这件玉琮是目前发现的体积最大、做工最精美的良渚玉琮，它是良渚文明的代表，更是五千多年前中华文化高度发达的实物证据。

琮是什么？

琮是良渚人创造的器形，它内圆外方，中部贯穿。有专家认为，琮最初是佩戴在手臂上的，后来随着时代的变迁，逐渐失去了实用性，发展成礼器。商周以后，琮就很少见了，人们只知"琮"字，不知"琮"形。

打磨玉器的法宝

玉很坚硬，用牙咬的话，可能会把牙咬碎哟！良渚人是怎么打磨玉器的呢？其实，工匠们的法宝是解玉砂。工匠们采集一些硬度比玉还高的矿石，捣碎成砂石，就可以作为解玉砂了。需要切割或钻孔时，在玉上撒一些解玉砂，这样就能慢慢打磨啦！

解玉砂

它是外星人吗？

玉琮的外壁上，雕刻着八组复杂生动的神人兽面纹。有人说这是良渚王国的神徽，是良渚人心目中神灵的形象；有人说这是半人半兽的外星人；还有人说，这是良渚国王和他的宠物大青蛙。你觉得呢？

谁能使用玉琮？

你知道吗？良渚人对玉器的使用非常讲究，男人和女人可以使用的玉器也不一样呢！玉琮是男女通用的，而像玉三叉形器、成组的玉锥形器等是男性贵族专用。值得一提的是，一些玉钺在良渚是王权的象征，是王拿在手中的权杖。

玉钺

玉三叉形器

成组的玉锥形器

快去博物馆看看吧

它看起来像一个大大的戒指！

琮是什么意思？

我觉得它有点儿像手镯。

快看，上面好像刻着人像呢！

和天地对话

关于玉琮的用处，人们看法不一，很多专家都认为玉琮是良渚人沟通天地的工具。我们的祖先觉得天是圆的，地是方的，而玉琮的形状大多内圆外方，与人们心中的天地构造相似。也许，良渚人认为，这样就可以通过玉琮和天地对话呢！

穿越历史看国宝

玉之王国

五千多年前,良渚王国里居住着成千上万的良渚人,他们日出而作,日落而息,过着悠然自得的农耕生活。良渚人十分喜爱玉器,有专门的玉石作坊。瞧,工匠们正在专心制作各种玉器。这些玉器中,既有日常使用的装饰品,还有各种尊贵的礼器呢!

良渚古城被称为"中华第一城",它位于长江下游的平原地区。良渚人建造了宫殿、城墙,修筑了水坝、河道,在这里一住就是一千多年。后来,良渚王国却谜一样地消失了,不过,它对中华文明的影响一直都在。

良渚王国的贵族很喜欢使用玉器,他们会在身上佩戴各种玉器,就连平时使用的工具也要嵌上美玉。

小狐狸的参观日记

星期天

没想到国宝里也有外星人的身影!今天,我在博物馆里见到了一块刻着神秘人像的玉石,我觉得玉石上的那个人一定是个外星人!爸爸说,它叫玉琮,是目前发现的体积最大的玉琮,上面雕刻的是良渚王国的神徽。

良渚王国是什么地方呢?带着疑问,我好像来到了那个古老的王国。我见到了高高的城墙,一望无际的稻田,还有庄严的宫殿。后来,爸爸带我走进一家打磨玉器的作坊。它建在小河边,有人在搬运玉石,有人在专心打磨玉器。忽然,爸爸告诉我,良渚国王来了!人们急忙把新做好的玉器献给国王。咦,其中那个内圆外方的、刻着神像的,不就是玉琮吗?

商朝
约公元前 1600—前 1046 年

"王为般卜"龟甲刻辞

【名称】
"王为般卜"龟甲刻辞

【时代】
商朝（约公元前 1600—前 1046 年）

【尺寸】
长 18.6 厘米，宽 10.2 厘米

【材质】
龟甲

【收藏地】
中国国家博物馆（北京市）

国宝小档案

约公元前 2070 年，夏朝建立，这是中国历史的第一个王朝，但目前考古学家并没有发现夏朝出现文字的直接证据。而夏朝灭亡后建立的商朝，是中国第一个有出土文字证实的朝代。商朝人把文字刻在乌龟壳或兽骨上，记录下自己占卜的内容和结果，甲骨文就这样诞生了。这片"王为般卜"龟甲刻辞，保存完整，刻字清晰。通过它，我们可以一睹甲骨文的真实面貌，了解商朝人的日常生活。有了文字，中华文明才得以悠久地传承下来。

快去博物馆看看吧

刻着文字的骨头

商朝的王室喜欢占卜,他们收集了很多乌龟壳和兽骨,并把它们统称为甲骨。占卜时,商朝人会用火来灼烧甲骨,把烧出的裂纹看作鬼神的指示,然后把占卜的内容和结果记录在甲骨上。瞧,这两片商朝的甲骨上就刻着当时的文字呢!

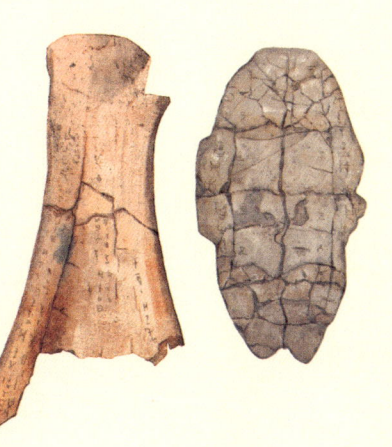

权力最大的巫师

这片龟甲上有"王占"二字,说明它记录了商王亲自占卜的故事。人们猜测,当时的小事是由巫师负责占卜,而遇到大事时,巫师就会禀告商王,由商王进行最后的占卜和解读。可以说,商王是商朝权力最大的巫师呢!

"般"会倒霉吗?

通过解读这片甲骨上的文字,人们发现,它记载了一个有趣的故事:当时,巫师为一个名叫"般"的人占卜他会不会倒霉,而商王也亲自为"般"占卜了很多次,结果都显示"般"不会倒霉。你猜,商王亲自给"般"占卜,"般"会是商王的朋友吗?

包治百病的"龙骨"

甲骨最早被人们当作包治百病的中药材"龙骨"!不知有多少珍贵的甲骨被人磨成了粉末,吃进了肚子。清朝末年,有古董商把从村民手中收购的甲骨卖给了著名的金石学家王懿荣,甲骨文的价值才逐渐被学者们知道。

鬼画符里的故事

每一片甲骨上的刻字都不是毫无意义的鬼画符,而是记载了商朝人的各种见闻和疑问。比如某一天,王子乘坐的马车竟然遇到了交通事故;比如猎人打猎前占卜询问鬼神,自己能否捕捉到鹿。

穿越历史看国宝

祭祀求雨的商王

商朝时期，有一年天下大旱，很久都没有下过雨了，大地上遍布着可怕的裂纹。河流干涸了，庄稼枯死了，动物渴死了，人们也渐渐地活不下去了。为了向鬼神求雨，商王多次占卜，他在祭祀时点燃了火堆，还绑住了自己的手脚，许诺把自己的生命献给上天。

三千多年前，商朝人相信世界上存在鬼神。商王几乎遇到任何事，都会进行占卜，希望能获得鬼神的指示。占卜时，巫师们先在甲骨上钻一些小孔，再放在火上炙烤，甲骨上出现长短不一的裂纹后，就可以凭借裂纹来解读鬼神的意思了。

巫师手舞足蹈地念着咒语，好像是在和鬼神对话。

小狐狸的参观日记

星期六

我已经观看了五个国宝，可是上面都没有字，难道古人不喜欢在器物上写字吗？爸爸说，今天要看的这个国宝上就有文字，我们现在的汉字就是从这种文字演变而来的。国宝的名字叫"王为殷卜龟甲刻辞"。爸爸告诉我，这片龟甲上的文字叫甲骨文，是商朝人创造出来的文字。如果能看懂这些文字，就能知道商朝人在龟甲上写了些什么。这简直就像破译密码一样，太酷了吧！

看着看着，我突然站在了一片干裂的土地上，前面围了好多人。爸爸说，我们回到了商朝，这里连年干旱，人们快活不下去了。商王只能举行祭祀，祈祷上天下一场大雨。可是，世界上根本就没有鬼神，只是商朝人太迷信了。唉，真希望快点儿下一场雨，救一救这些可怜的人。

后母戊鼎

【名称】
后母戊鼎

【时代】
商朝（约公元前1600—前1046年）

【尺寸】
高133厘米，口长112厘米，口宽79.2厘米

【材质】
青铜

【收藏地】
中国国家博物馆（北京市）

国宝小档案

盘庚迁殷以后，商朝国力强盛。商朝人擅长制作各种青铜礼器，其中，鼎被视为国之重器，代表着国家的最高权力。后母戊鼎是商王命人为自己的母亲铸造的，这个鼎形制巨大，雄伟庄严，重达八百多千克，是目前已知的中国古代最重的青铜鼎。它不仅是商周时期青铜家族中的"巨无霸"，而且代表着商朝高度发达的青铜文化，被誉为"镇国之宝"。

一口"锅"的升级

瞧,这是一个巨大的青铜鼎。你一定想不到,鼎原本是古人用来煮食物的"锅",最早是用陶土做的,有圆有方。到了夏商周时期,陶鼎升级成青铜鼎,成为祭祀用的重要礼器,甚至是权力和地位的象征。我们熟知的成语"问鼎中原""一言九鼎"就与它有关。

快去博物馆看看吧

这是什么呀?
怎么这么大?

它是用来做什么的呢?

它的四条"腿"好粗壮!

上面的花纹好像怪兽!

饕(tāo)餮(tiè)纹

神秘的兽面纹

仔细看,后母戊鼎的耳部、腹部和足部有很多神秘的花纹,人们叫它兽面纹。鼎的腹部还有一种像两个大眼睛的纹饰,叫饕餮纹,它和玉琮的神人兽面纹是不是有几分相像?

灿烂的青铜文明

商朝人十分擅长制造精美的青铜器,每一件青铜器都是珍贵不凡的。例如,"妇好"青铜鸮(xiāo)尊、青铜三联甗(yǎn)、妇好钺等代表着王后妇好的尊贵。这些青铜器不再是普通的酒杯、蒸煮器、兵器,而是权力和地位的象征,展现出商王朝的辉煌与强大。

送给母亲的荣耀

后母戊鼎的名字来自鼎身的三字铭文,有专家认为,"戊"可能是指商王武丁的其中一位王后。于是有人猜测,后母戊鼎的主人会不会是擅长农耕的妇妌(jìng)呢?也许妇妌的儿子成为商王后,怀念去世的母亲,为了让母亲的身份更尊贵荣耀,才命人铸造了这个巨大的青铜鼎。

"妇好"青铜鸮尊　　青铜三联甗　　妇好钺

穿越历史看国宝

国力强盛的殷商王朝

商朝武丁时期,战争频繁。商王武丁与王后妇好能征善战,多次领兵出征,带领士兵击退了各方敌人,守卫了国家的安全。瞧,商王与王后站在高大的战车里,冲在了队伍的最前方,他们并肩作战,为商朝开拓出前所未有的辽阔疆域。

商朝人擅长驯化动物,你看,商朝的士兵能骑着大象去打仗呢!当时,畜牧业在商朝人的生活中占有重要的地位,他们不仅饲养猪、牛、羊、狗、马、鸡等家畜,还能把它们变成自己的帮手,比如让黄牛拉车驮货去远方售卖。时间长了,做生意就成了这些人固定的职业,"商人"也就成了做买卖人的代名词。

王后妇好手中的青铜钺是一种武器，有点儿像斧头，是军权的象征。

武丁是商代中期一位杰出的君王，在他的统治下，商朝百姓富裕，国力达到鼎盛，这一时期史称"武丁中兴"。

小狐狸的参观日记

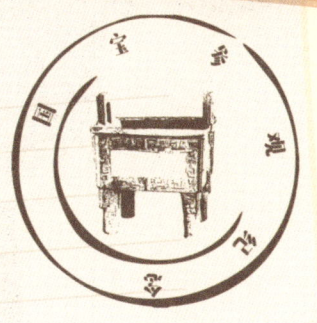

星期六

今天，我在博物馆看到了一个超级大的青铜器。爸爸说，它叫后母戊鼎，是目前已知的中国古代最重的鼎，当时商王为了祭祀自己的母亲，特地命人制作了这个器物，那时，商朝的实力可强了！

看着它，我好像回到了遥远的商朝。这里有许多高大的战马，数不清的战车，这是要去打仗吗？爸爸告诉我，这是商王武丁的军队。听说远方的百姓被外族欺负了，商王武丁和他的王后妇好立刻带兵出击，前去保护百姓。我仔细一看，士兵们站在战车上，正在勇猛地向前冲，看起来好威风啊！

看来，商朝真的很强大！我猜商朝人铸造那么大的鼎，就是为了向别人显示商朝的国力吧！

四羊青铜方尊

【名称】
四羊青铜方尊

【时代】
商朝（约公元前1600—前1046年）

【尺寸】
上口最大径44.4厘米，高58.6厘米

【材质】
青铜

【收藏地】
中国国家博物馆（北京市）

国宝小档案

商朝时期，人们搞不清为什么会有风雨雷电、自然灾难，就认为世界上存在鬼神。商朝人制作了很多精美的青铜器，希望通过这些器物来祭祀神灵，获得庇佑。在商朝众多的青铜器中，四羊青铜方尊造型奇特，肩部铸造着四只凸出的羊头。它是中国现存的商朝青铜方尊中体形最大的一件，融合了线雕、浮雕、圆雕等装饰手法，被誉为"臻于极致的青铜典范"。